MW00955896

Check-Off Homeschool Planner©

By Schoolhouse Heaven™

Schoolhouse Heaven

www.schoolhouseheaven.com

Goose Creek, SC

Contents

Directions

With this homeschool planner you can check off each assignment as it is completed. If your student can work independently, fill in the assignments and then give the planner to the student; have the student check off assignments as they are completed.

School Year_____

What grade is your student in?_____

_____

Student's Name_____

Curriculum_____

_____

_____

_____

_____

_____

_____

Other_____

_____

_____

_____

_____

	August	September	October	November	December	January	February	March	April	May	June	July
1												
2												
3												
4												
5												
6												
7												
8												
9												
10												
11												
12												
13												
14												
15												
16												
17												
18												
19												
20												
21												
22												
23												
24												
25												
26												
27												
28												
29												
30												
31												

Attendance Tracker

Full day = X

Half day = \

Absent = A

Name:_____

School Year:_____

5

Day_____ Date_____

Subject:	Assignments:	Complete:
Math	Textbook page 21-22	✓
Reading	Read for thirty minutes and write a summary of what you read.	
Spelling	Write spelling words five times each.	✓
History	Watch history lesson 5 on teaching website.	✓
Science	Do science workbook chapter four and activity.	
Handwriting	Do page 9-1_ handwriting workbook.	✓

Day_____ Date_____

Subject:	Assignments:	Complete:
	7	

Day_____ Date_____

Subject:	Assignments:	Complete:

8

Day_____ Date_____

Subject:	Assignments:	Complete:
	9	

Day_____ Date_____

Subject:	Assignments:	Complete:
	10	

Day_____ Date_____

Subject:	Assignments:	Complete:
	11	

Day_____ Date_____

Subject:	Assignments:	Complete:
Subject:	Assignments: 12	Complete:

Day_____ Date_____

Subject:	Assignments:	Complete:
	13	

Day_____ Date_____

Subject:	Assignments:	Complete:
	14	

Day_____ Date_____

Subject:	Assignments:	Complete:

15

Day_____ Date_____

Subject:	Assignments:	Complete:
	16	

Day_____ Date_____

Subject:	Assignments:	Complete:
	17	

Day_____ Date_____

Subject:	Assignments:	Complete:
	18	

Day_____ Date_____

Subject:	Assignments:	Complete:
	19	

Day_____ Date_____

Subject:	Assignments:	Complete:

20

Day_____ Date_____

Subject:	Assignments:	Complete:
	21	

Day_____ Date_____

Subject:	Assignments:	Complete:
	22	

Day_____ Date_____

Subject:	Assignments:	Complete:
Subject:	Assignments:	Complete:

Day_____ Date_____

Subject:	Assignments:	Complete:
	24	

Day_____ Date_____

Subject:	Assignments:	Complete:
	25	

Day_____ Date_____

Subject:	Assignments:	Complete:
	26	

Day_____ Date_____

Subject:	Assignments:	Complete:
	27	

Day_____ Date_____

Subject:	Assignments:	Complete:

Day_____ Date_____

Subject:	Assignments:	Complete:
	29	

Day_____ Date_____

Subject:	Assignments:	Complete:

Day_____ Date_____

Subject:	Assignments:	Complete:
	31	

Day_____ Date_____

Subject:	Assignments:	Complete:

32

Day_____ Date_____

Subject:	Assignments:	Complete:
	33	

Day_____ Date_____

Subject:	Assignments:	Complete:

34

Day_____ Date_____

Subject:	Assignments:	Complete:
	35	

Day_____ Date_____

Subject:	Assignments:	Complete:
	36	

Day_____ Date_____

Subject:	Assignments:	Complete:
	37	

Day_____ Date_____

Subject:	Assignments:	Complete:
	38	

Day_____ Date_____

Subject:	Assignments:	Complete:

39

Day_____ Date_____

Subject:	Assignments:	Complete:
	40	

Day_____ Date_____

Subject:	Assignments:	Complete:
	41	

Day_____ Date_____

Subject:	Assignments:	Complete:
	42	

Day_____ Date_____

Subject:	Assignments:	Complete:
	43	

Day_____ Date_____

Subject:	Assignments:	Complete:
	44	

Day_____ Date_____

Subject:	Assignments:	Complete:
	45	

Day_____ Date_____

Subject:	Assignments:	Complete:
	46	

Day_____ Date_____

Subject:	Assignments:	Complete:

Day_____ Date_____

Subject:	Assignments:	Complete:
	48	

Day_____ Date_____

Subject:	Assignments:	Complete:
	49	

Day_____ Date_____

Subject:	Assignments:	Complete:
	50	

Day_____ Date_____

Subject:	Assignments:	Complete:
	51	

Day_____ Date_____

Subject:	Assignments:	Complete:

52

Day_____ Date_____

Subject:	Assignments:	Complete:
	53	

Day_____ Date_____

Subject:	Assignments:	Complete:
	54	

Day_____ Date_____

Subject:	Assignments:	Complete:
	55	

Day_____ Date_____

Subject:	Assignments:	Complete:
	56	

Day_____ Date_____

Subject:	Assignments:	Complete:
	57	

Day_____ Date_____

Subject:	Assignments:	Complete:
	58	

Day_____ Date_____

Subject:	Assignments:	Complete:
	59	

Day_____ Date_____

Subject:	Assignments:	Complete:

60

Day_____ Date_____

Subject:	Assignments:	Complete:
	61	

Day_____ Date_____

Subject:	Assignments:	Complete:

Day_____ Date_____

Subject:	Assignments:	Complete:
	63	

Day_____ Date_____

Subject:	Assignments:	Complete:
	64	

Day_____ Date_____

Subject:	Assignments:	Complete:
	65	

Day_____ Date_____

Subject:	Assignments:	Complete:
	66	

Day_____ Date_____

Subject:	Assignments:	Complete:
	67	

Day_____ Date_____

Subject:	Assignments:	Complete:
	68	

Day_____ Date_____

Subject:	Assignments:	Complete:
	69	

Day_____ Date_____

Subject:	Assignments:	Complete:
	70	

Day_____ Date_____

Subject:	Assignments:	Complete:
	71	

Day_____ Date_____

Subject:	Assignments:	Complete:
	72	

Day_____ Date_____

Subject:	Assignments:	Complete:
	73	

Day_____ Date_____

Subject:	Assignments:	Complete:
	74	

Day_____ Date_____

Subject:	Assignments:	Complete:
	75	

Day_____ Date_____

Subject:	Assignments:	Complete:
	76	

Day_____ Date_____

Subject:	Assignments:	Complete:
	77	

Day_____ Date_____

Subject:	Assignments:	Complete:

Day_____ Date_____

Subject:	Assignments:	Complete:
	79	

Day_____ Date_____

Subject:	Assignments:	Complete:

80

Day_____ Date_____

Subject:	Assignments:	Complete:

81

Day_____ Date_____

Subject:	Assignments:	Complete:
	82	

Day_____ Date_____

Subject:	Assignments:	Complete:

83

Day_____ Date_____

Subject:	Assignments:	Complete:
	84	

Day_____ Date_____

Subject:	Assignments:	Complete:
	85	

Day_____ Date_____

Subject:	Assignments:	Complete:

Day_____ Date_____

Subject:	Assignments:	Complete:

87

Day_____ Date_____

Subject:	Assignments:	Complete:
	88	

Day_____ Date_____

Subject:	Assignments:	Complete:

89

Day_____ Date_____

Subject:	Assignments:	Complete:

90

Day_____ Date_____

Subject:	Assignments:	Complete:
	91	

Day_____ Date_____

Subject:	Assignments:	Complete:

Day_____ Date_____

Subject:	Assignments:	Complete:
	93	

Day_____ Date_____

Subject:	Assignments:	Complete:
	94	

Day_____ Date_____

Subject:	Assignments:	Complete:
	95	

Day_____ Date_____

Subject:	Assignments:	Complete:
	96	

Day_____ Date_____

Subject:	Assignments:	Complete:
	97	

Day_____ Date_____

Subject:	Assignments:	Complete:

98

Day_____ Date_____

Subject:	Assignments:	Complete:
	99	

Day_____ Date_____

Subject:	Assignments:	Complete:
	100	

Day_____ Date_____

Subject:	Assignments:	Complete:
	101	

Day_____ Date_____

Subject:	Assignments:	Complete:
	102	

Day_____ Date_____

Subject:	Assignments:	Complete:

Day_____ Date_____

Subject:	Assignments:	Complete:
	104	

Day_____ Date_____

Subject:	Assignments:	Complete:
	105	

Day_____ Date_____

Subject:	Assignments:	Complete:

Day_____ Date_____

Subject:	Assignments:	Complete:
	107	

Day_____ Date_____

Subject:	Assignments:	Complete:
Subject:	Assignments: 108	Complete:

Day_____ Date_____

Subject:	Assignments:	Complete:
	109	

Day_____ Date_____

Subject:	Assignments:	Complete:

110

Day_____ Date_____

Subject:	Assignments:	Complete:
	111	

Day_____ Date_____

Subject:	Assignments:	Complete:
	112	

Day_____ Date_____

Subject:	Assignments:	Complete:
	113	

Day_____ Date_____

Subject:	Assignments:	Complete:

114

Day_____ Date_____

Subject:	Assignments:	Complete:
	115	

Day_____ Date_____

Subject:	Assignments:	Complete:

116

Day_____ Date_____

Subject:	Assignments:	Complete:
	117	

Day_____ Date_____

Subject:	Assignments:	Complete:
	118	

Day_____ Date_____

Subject:	Assignments:	Complete:
	119	

Day_____ Date_____

Subject:	Assignments:	Complete:
	120	

Day_____ Date_____

Subject:	Assignments:	Complete:
	121	

Day_____ Date_____

Subject:	Assignments:	Complete:
	122	

Day_____ Date_____

Subject:	Assignments:	Complete:
	123	

Day_____ Date_____

Subject:	Assignments:	Complete:
	124	

Day_____ Date_____

Subject:	Assignments:	Complete:
	125	

Day_____ Date_____

Subject:	Assignments:	Complete:
	126	

Day_____ Date_____

Subject:	Assignments:	Complete:

127

Day_____ Date_____

Subject:	Assignments:	Complete:
Subject:	128	Complete:

Day_____ Date_____

Subject:	Assignments:	Complete:
	129	

Day_____ Date_____

Subject:	Assignments:	Complete:

130

Day_____ Date_____

Subject:	Assignments:	Complete:
	131	

Day_____ Date_____

Subject:	Assignments:	Complete:
	132	

Day_____ Date_____

Subject:	Assignments:	Complete:
	133	

Day_____ Date_____

Subject:	Assignments:	Complete:

134

Day_____ Date_____

Subject:	Assignments:	Complete:
	135	

Day_____ Date_____

Subject:	Assignments:	Complete:
	136	

Day_____ Date_____

Subject:	Assignments:	Complete:
	137	

Day_____ Date_____

Subject:	Assignments:	Complete:
	138	

Day_____ Date_____

Subject:	Assignments:	Complete:

139

Day_____ Date_____

Subject:	Assignments:	Complete:
	140	

Day_____ Date_____

Subject:	Assignments:	Complete:
	141	

Day_____ Date_____

Subject:	Assignments:	Complete:
	142	

Day_____ Date_____

Subject:	Assignments:	Complete:
	143	

Day_____ Date_____

Subject:	Assignments:	Complete:
	144	

Day_____ Date_____

Subject:	Assignments:	Complete:
	145	

Day_____ Date_____

Subject:	Assignments:	Complete:
	146	

Day_____ Date_____

Subject:	Assignments:	Complete:
	147	

Day_____ Date_____

Subject:	Assignments:	Complete:
	148	

Day_____ Date_____

Subject:	Assignments:	Complete:

Day_____ Date_____

Subject:	Assignments:	Complete:
	150	

Day_____ Date_____

Subject:	Assignments:	Complete:
	151	

Day_____ Date_____

Subject:	Assignments:	Complete:

152

Day_____ Date_____

Subject:	Assignments:	Complete:
	153	

Day_____ Date_____

Subject:	Assignments:	Complete:
	154	

Day_____ Date_____

Subject:	Assignments:	Complete:
	155	

Day_____ Date_____

Subject:	Assignments:	Complete:
	156	

Day_____ Date_____

Subject:	Assignments:	Complete:
	157	

Day_____ Date_____

Subject:	Assignments:	Complete:
	158	

Day_____ Date_____

Subject:	Assignments:	Complete:
	159	

Day_____ Date_____

Subject:	Assignments:	Complete:
	160	

Day_____ Date_____

Subject:	Assignments:	Complete:
	161	

Day_____ Date_____

Subject:	Assignments:	Complete:
	162	

Day_____ Date_____

Subject:	Assignments:	Complete:
	163	

Day_____ Date_____

Subject:	Assignments:	Complete:
	164	

Day_____ Date_____

Subject:	Assignments:	Complete:
	165	

Day_____ Date_____

Subject:	Assignments:	Complete:
	166	

Day_____ Date_____

Subject:	Assignments:	Complete:
	167	

Day_____ Date_____

Subject:	Assignments:	Complete:
	168	

Day_____ Date_____

Subject:	Assignments:	Complete:
	169	

Day_____ Date_____

Subject:	Assignments:	Complete:
	170	

Day_____ Date_____

Subject:	Assignments:	Complete:
	171	

Day_____ Date_____

Subject:	Assignments:	Complete:
	172	

Day_____ Date_____

Subject:	Assignments:	Complete:
	173	

Day_____ Date_____

Subject:	Assignments:	Complete:
	174	

Day_____ Date_____

Subject:	Assignments:	Complete:
	175	

Day_____ Date_____

Subject:	Assignments:	Complete:
	176	

Day_____ Date_____

Subject:	Assignments:	Complete:
Subject:	Assignments:	Complete:

177

Day_____ Date_____

Subject:	Assignments:	Complete:
	178	

Day_____ Date_____

Subject:	Assignments:	Complete:
	179	

Day_____ Date_____

Subject:	Assignments:	Complete:
Subject:	Assignments: 180	Complete:

Subject:	Assignments:	Complete:
	181	

Day_____ Date_____

Subject:	Assignments:	Complete:
	182	

Subject:	Assignments:	Complete:
	183	

Day_____ Date_____

Subject:	Assignments:	Complete:
	184	

Day_____ Date_____

Subject:	Assignments:	Complete:
	185	

Day_____ Date_____

Subject:	Assignments:	Complete:
	186	

Subject:	Assignments:	Complete:

Day_____ Date_____

Subject:	Assignments:	Complete:
	188	

Subject:	Assignments:	Complete:
	189	

Day_____ Date_____

Subject:	Assignments:	Complete:
	190	

Report Card

School year:_____ Quarter:_____

Name:_____

School Name:_____

Address:_____

_____

Subject: Grade:

Comments:_____

_____

_____

_____

_____

_____

Teacher's Name
(print):_____

Signature:_____

Report Card

School year:_____ Quarter:_____
Name:_____
School Name:_____
Address:_____
_____

Subject:	Grade:

Comments:_____
_____
_____
_____
_____
_____

Teacher's Name
(print):_____

Signature:_____

Report Card

School year:_____ Quarter:_____
Name:_____
School Name:_____
Address:_____
_____

Subject: Grade:

Comments:_____
_____
_____
_____
_____
_____

Teacher's Name
(print):_____

Signature:_____

Report Card

Name:_____

School Name:_____

Address:_____

_____

Subject: Grade:

Comments:_____

_____

_____

_____

_____

_____

Teacher's Name
(print):_____

Signature:_____